AF359267

DE
L'ORDONNANCE

DU 15 OCTOBRE,

SON INFLUENCE

SUR

LE COMMERCE, L'AGRICULTURE ET L'INDUSTRIE

DU CENTRE DE LA FRANCE.

Clermont-Ferrand,

IMPRIMERIE DE PEROL, LIBRAIRE,

RUE BARBANÇON, Nº 2.

————

1836.

DE L'ORDONNANCE DU 15 OCTOBRE,

SON INFLUENCE

SUR

LE COMMERCE, L'AGRICULTURE ET L'INDUSTRIE
DU CENTRE DE LA FRANCE.

A Monsieur Duchatel,

MINISTRE DES FINANCES.

Monsieur le Ministre,

Le *Moniteur* du 18 de ce mois vient de publier, sur votre rapport, une ordonnance royale pour servir de complément à la loi du 9 juillet dernier, relative aux nouveaux droits de navigation.

Cette ordonnance a pour objet le mode de vérification de la charge réelle des bateaux, et les obligations à remplir par les bateliers pour le jaugeage de leurs bateaux dans l'un des bureaux désignés au tableau annexé à ladite ordonnance.

Le troisième paragraphe de l'article 8 dispense de la formalité des échelles métriques tout bateau qui doit être dépécé après le premier voyage : c'est le cas où se trouvent les bateaux qui s'expédient de l'Auvergne ; et, de toutes les nombreuses dispositions de la loi et de l'ordonnance, ce sera probablement la seule qui ait un côté utile pour cette partie de la France, car le gouvernement ne prétend pas, sans doute, que nous recevions comme un bienfait une loi qui, interprétée de la manière la plus large, n'exercera qu'une très-faible influence sur notre industrie et notre agriculture, et qui, exécutée à la lettre et dans son sens le plus rigoureux, ne procurera au pays aucune espèce de soulagement.

On doit s'étonner de ce que, dans la discussion d'intérêts aussi majeurs, l'on soit resté au-dessous de la gravité du sujet, et de ce qu'on ait refusé d'y voir une des plus grandes questions d'économie politique qui pût être traitée par les mandataires de la nation. En effet, il y a, pour le gouvernement, nécessité absolue de rechercher tous les moyens propres à assurer et faciliter la perception des impôts ; et comme l'état de nos finances ne permet guère de dégrèvement sur la propriété foncière qui succombe sous le poids des charges publiques, ses soins devraient tendre à augmenter la valeur du territoire, puisqu'il est bien constant aujourd'hui que cette valeur est progressive dans toutes les localités voisines de canaux ou de chemins de fer, ou favorisées par de belles communications naturelles. La sollicitude du gouvernement devrait encore se porter sur la migration toujours croissante dans certaines parties de la France, migration qui devient un fléau pour les contrées désertées, et une source de chagrins et de misères pour les populations réduites à cette cruelle extrémité. Voilà de ces questions qui ont besoin d'être méditées et auxquelles sont essentiellement liés l'ordre public, la paix intérieure et l'amour de la patrie, sentimens presque éteints au cœur même du pays.

L'Angleterre nomme des curateurs à la haute Ecosse; elle fait des sacrifices inouis pour créer, régler ou soutenir le travail agricole et manufacturier dans les parties les plus pauvres du royaume. L'Amérique poursuit son plan général d'améliorations, abandonnant à elles-mêmes les contrées riches qui peuvent se suffire, mais protégeant d'une manière efficace celles où l'industrie est arriérée et où le travail éprouve le plus de difficulté à s'établir. La Prusse couvre les provinces rhénanes de routes et de canaux pour que le mal de l'émigration ne gagne point son territoire; toute l'Allemagne s'empresse de suivre son exemple: tandis qu'en France les pro-

vinces les plus misérables restent sans encourage-
mens, sans secours, et malgré cela frappées d'impôts énormes qu'elles ne parviennent à acquitter que
par des emprunts successifs faits aux dépens du capital foncier. Qui oserait avancer que nos départemens pauvres de l'intérieur aient jamais reçu la
moindre assistance de la part de l'autorité ou parti-
cipé à la moindre faveur? Le peu de travail qui
existe encore dans ces provinces éloignées n'est-il
pas d'avance condamné à périr victime de son iso-
lement? Non-seulement la canalisation de 1822 a
exclu ces départemens du mouvement général com-
mercial et industriel, mais encore il semble qu'on
se soit fait un jeu de les sacrifier à l'intolérance et
au despotisme des vieux canaux de 1644, six et
huit fois plus coûteux que les canaux nouvellement
construits.

Pourtant il arrive qu'après seize années d'attente,
et après l'expérience de voies de fait et de soulève-
mens dans un pays qui s'était toujours montré calme
et sincèrement attaché aux lois et à la tranquillité,
quoique sans cesse rebuté dans ses plaintes, le gouvernement vient enfin d'éprouver un sentiment de
compassion, et de nous présenter la nouvelle loi sur
la navigation intérieure comme un dédommagement
capable de balancer le tort fait à l'industrie fran-
çaise par les changemens introduits l'année dernière dans la législation des douanes. On a réduit
les tarifs des douanes sur les charbons étrangers

des 2[5e au profit de Nantes, et des 3[4 au profit de Bordeaux, et l'on s'imagine avoir assez fait en faveur des houilles françaises en leur accordant un rabais d'un tiers sur les droits de navigation ; et encore ce rabais n'est-il que fictif, ainsi que nous aurons l'occasion de l'expliquer tout à l'heure. Voilà toute la réparation dont nous avons été jugés dignes. Au surplus, dût la loi nouvelle être pourvue de toutes les qualités qui lui manquent, elle ne pourrait toujours se soustraire au reproche d'être venue trop tard ; car, il faut bien l'avouer, on a comblé la mesure de nos souffrances, et chaque observateur un peu réfléchi peut prévoir, comme très-prochaines, de grandes calamités.

C'était un devoir pour le gouvernement, après l'achèvement de la canalisation de 1822, de proposer aux chambres de compléter en France tout le système des transports, et de créer les mêmes moyens de communications dans les diverses parties du territoire, qui, par la fertilité du sol, la richesse des produits minéralogiques, l'industrie des habitans, le nombre et l'activité des classes ouvrières, avaient droit à jouir des mêmes avantages. Cette canalisation de 1822 n'a été qu'un essai qui a réussi au-delà de toute prévision, et qui a donné une nouvelle direction aux relations et aux intérêts. Il eût été d'une sage politique de chercher à rétablir l'équilibre au détriment du plus grand nombre ; malheureusement c'est ce qu'on a négligé de faire, de sorte que l'est et le nord de la France sont restés en possession d'un injuste privilége, pendant que les autres provinces ont été laissées dans une position d'autant plus fausse que les nouveaux canaux leur ont enlevé une grande partie de leurs débouchés, et qu'aujourd'hui plus elles travaillent, plus elles augmentent leurs embarras. Il n'y a pour ces dernières aucune possibilité de progrès, si le gouvernement n'intervient pas promptement, et l'avenir se charge des couleurs les plus sombres, car la nécessité d'occuper les populations fait que la production devient menaçante, faute de moyens d'écoulement.

Nous n'avons cessé de répéter, depuis six ans, que le système suivi était fatal aux départemens du centre de la France et nous préparait de nouvelles perturbations : notre voix n'a pas été écoutée, et on ne tardera pas à s'en repentir. Il est cependant clair comme le jour que nos pays sont et seront en perte de toutes les améliorations introduites dans les départemens voisins. Ainsi, pendant que le canal de Bourgogne attire à lui toute la consommation des vins, le canal du Rhône au Rhin et le canal du Berry s'emparent, de leur côté, de tous les approvisionnemens en grains. Depuis 3 ou 4 ans, presque tous les fariniers de Clermont-Ferrand, de St-Germain et du Puy sont en faillite; les vins restent dans les celliers; les bois sur les ports; les grandes propriétés sont en vente et ne trouvent pas d'acheteurs ; les compagnies connues sous le nom de *bandes noires* sont elles-mêmes embarrassées de quelques acquisitions qu'elles ont faites, et qui sont devenues pour elles autant de spéculations onéreuses.

Plusieurs causes ont contribué à l'anéantissement de nos richesses territoriales : l'absence de grandes voies de circulation, la cherté et l'injustice des droits de navigation sur nos cours d'eau naturels, et les tarifs trop élevés des canaux de Briare et de Loing. Nous pourrions citer encore les dispositions forcées ou volontaires des receveurs généraux de nos départemens, qui, en expédiant tous leurs fonds sur Lyon, déplacent la circulation du numéraire et par là nuisent à la rentrée des impôts, en empêchant les affaires ou en les rendant très-difficiles ou très-coûteuses. Il faut donc s'attendre à ce que, chez nous, le propriétaire s'obère de plus en plus et s'achemine peu à peu vers une ruine inévitable. Son capital foncier est déjà réduit de près d'un tiers, et diminuera encore dans la proportion de la plus value qu'acquerront les propriétés situées dans les localités qui jouissent de moyens de communication perfectionnés. En Bourgogne, en Alsace, tous les fermages vont en augmentant, et il y a trois ans à peine que ces provinces n'écoulaient que très-difficilement leurs denrées. Dans les départemens du centre, au contraire, notamment dans ceux qui avoisinent l'Auvergne, le prix des fermages décroît chaque année, et bientôt les propriétaires qui ne voudront pas souscrire à

une réduction dans leurs revenus, n'auront d'autre
partie à prendre que de cultiver leurs biens par
eux-mêmes.

Le moyen d'arrêter cette décadence était, comme
nous l'avons déjà dit, de favoriser la création de
grandes voies *circulatives*; c'était encore, au lieu
d'une uniformité de droits de navigation, de faire
une classe à part des contrées pauvres et d'aborder
à leur égard la question de dégrèvement. On ob-
jectera que, dans une loi d'intérêt général, il n'était
pas possible de procéder par localité; mais est-ce
donc de l'intérêt général que toute cette discussion sur
la haute et la basse Seine, sur ces rivières aboutis-
sant aux canaux les plus riches et donnant passage
au meilleur marché? L'occasion se présentait d'elle-
même d'appeler l'attention des chambres sur un
grand nombre de départemens du centre privés de
tous moyens de communications, et cependant lut-
tant contre leur mauvaise fortune avec tant de cou-
rage et de persévérance, bien que constamment
sacrifiés à des considérations étrangères à l'intérêt
général.

La nouvelle loi, si riche de promesses et d'espé-
rances, et qui allait, nous disait-on, permettre à
notre industrie de se développer à son tour, n'aura
pour nous d'effet salutaire qu'autant que vous dai-
gnerez, Monsieur le ministre, vous déclarer en
notre faveur. Cette loi n'est que la continuation de
l'ancienne, mais sous une autre forme; c'est le même

esprit de fiscalité qui l'a dictée; il n'y a de changé que le mode de perception. Si la navigation, soumise aux nouveaux droits, remonte sur l'Allier jusqu'à Brassac, premier point de navigation descendante d'après la carte de 1822, il est bien certain qu'avec une marine excessivement dispendieuse, une rivière torrentueuse, des bateaux frêles et submersibles, notre position ne sera pas rendue meilleure, et il arrivera même, pour certains produits rangés dans la première classe du tarif, que notre condition sera sensiblement empirée. Si, au contraire, il est admis que les distances ne se compteront, sur l'Allier, qu'à partir de Moulins, où la navigation commence à diminuer en dangers, en difficultés et en dépenses, et seul point à partir duquel on puisse dire que l'Allier soit véritablement navigable, nous participerons dans une proportion quelconque au bénéfice que la nouvelle loi a entendu nous accorder. Vous êtes, Monsieur le ministre, l'arbitre de notre sort; veuillez prononcer. De deux choses l'une, ou les distances se compteront de Moulins seulement, et dans ce cas la loi pourra nous devenir profitable, ou bien les distances se compteront à partir de Brassac, et alors autant et mieux valait, pour ce qui nous concerne, laisser les choses comme elles étaient. En effet, ne pouvant partir de Brassac qu'avec une grande quantité de bateaux pour emporter très-peu de marchandises, il nous était pénible, sous l'empire de la loi du 30 floréal, d'avoir à payer, à Moulins et au Bec-d'Allier, des droits de navigation par *bateau*; mais quand une fois nos équipes étaient entrées en Loire, et que nous étions servis par les crues, nous reportions sur les plus grands et les meilleurs bateaux tout le chargement des autres, et il nous arrivait fréquemment, à Orléans ou à Tours, que les 14 ou 15 bateaux que nous avions au départ, se trouvaient réduits à 4 ou 5. Ainsi, s'il y avait désavantage pour nous à payer par *bateau* au commencement du voyage, ce désavantage était compensé plus tard par le petit nombre de bateaux qui avait à payer des droits dans la moyenne et dans la basse Loire. La loi nouvelle procède en sens inverse : elle nous offre au départ un avantage qu'elle nous reprend en grande partie plus loin par le paiement des droits par tonneau et par distance. C'est tout au plus si nous aurons à payer en droits de navigation un tiers de moins que par le passé, et cependant, par les lois de douane rendues l'année dernière, les charbons étrangers ont obtenu d'emblée 40 et 70 p. 100 de rabais sur les droits d'entrée.

Nous venons de dire que la réduction serait d'un tiers environ à notre profit, mais il reste à examiner si cette bonification est sérieuse. Jusqu'à ce jour, les charbons vendus et livrés sur les deux rives de l'Allier, avant d'arriver à Moulins, n'ont eu aucun droit de navigation à acquitter; ceux déchargés avant le Bec-d'Allier n'avaient eu à payer que le droit de Moulins, et ainsi de suite sur tout le cours

de la Loire, tandis qu'aujourd'hui on pourrait exi-
ger, la loi à la main, que toutes les distances et por-
tions de distances parcourues depuis Brassac, fus-
sent, sans distinction, assujetties au paiement du
droit. Il résulterait de cette combinaison que le rabais accordé aux expéditions lointaines retomberait
à la charge de la consommation locale, et que les
droits de navigation procureraient dorénavant au
trésor de plus fortes recettes, puisque si le trésor
perdait un tiers seulement sur les bateaux expédiés
en Loire, il recevrait le droit entier sur un nombre
plus considérable de bateaux qui se déchargent an-
nuellement entre Brassac et Moulins. Ce serait une
véritable déception.

En nous exemptant des échelles et du jaugeage
au départ, l'ordonnance a eu en vue de nous affran-
chir de formalités qui eussent été inexécutables aux
lieux de chargement; mais rencontrerons-nous quel-
que indulgence chez les employés des contributions
indirectes, dans l'interprétation des articles 8 et 12
de cette ordonnance? Devra-t-on se faire délivrer,
au départ, des acquits à caution pour chaque bateau
chargé? Faudra-t-il représenter tout le long de la
route, jusqu'au lieu de destination, le même nombre de bateaux que celui constaté au départ? Les
mariniers conserveront-ils la faculté de *jeter en mer*,
lorsqu'ils le jugeront à propos, c'est-à-dire de profiter des crues sur l'Allier, et d'un plus grand vo-
lume d'eau en Loire, pour décharger une certaine

quantité de bateaux, en reporter le chargement sur ceux qui doivent continuer le voyage, et tirer, par ce moyen, un parti avantageux des bateaux mis à vide? Leur sera-t-il permis, comme par le passé, de vendre en route une partie de leur chargement? Nous pourrions multiplier les questions à cet égard, mais comme nous sommes loin de prévoir toutes les espèces de difficultés qui surgiront de l'application de la loi et de l'ordonnance, nous attendrons, pour les signaler toutes à la fois, que cette loi ait reçu un commencement d'exécution.

Les droits de navigation, d'après l'ancienne loi, étaient d'une injustice révoltante quand on pense aux motifs qui avaient donné lieu à cet impôt, et à l'avidité fiscale avec laquelle les sommes perçues ont été, pendant tant d'années, détournées de leur destination. La loi nouvelle, du moins, ne s'engage à rien quant à l'emploi des fonds; elle se contente de consacrer une grande injustice en donnant de la légalité à cette perception. Mais il est un autre abus, plus criant encore, s'il est possible, et contre lequel nous ne cesserons de réclamer : nous voulons parler des droits à payer sur les canaux de Briare et de Loing, droits si démesurément élevés, comparativement au coût des autres canaux, qu'ils équivalent à une prohibition. Comment l'autorité a-t-elle pu permettre que sous ses yeux, malgré nos plaintes, les propriétaires du canal de Briare, encouragés par cet assentiment tacite, aient toujours perçu les droits de première classe sur les marchandises non désignées dans leurs tarifs, sur la houille, par exemple? Nous nous empressons cependant de reconnaître que les administrateurs de ce canal se sont montrés disposés à entrer en accommodement et à réformer leurs tarifs dans une proportion équitable, mais à la condition que le canal de Loing modifierait en même temps les siens. Il semblerait, d'après cela, qu'il y aurait eu moyen de s'entendre, et cependant jamais on n'a été plus loin d'être d'accord. Le canal de Loing et le canal d'Orléans appartiennent aux mêmes propriétaires, ou plutôt à la même compagnie, et les administrateurs de ces canaux sont en état permanent d'hostilité avec les administrateurs du canal de Briare : aussi les expéditions qui arrivent à Cepoix par le canal de Briare doivent-elles s'attendre à payer d'abord 36 fr. par chaque bateau jusqu'à 24 pouces de tirant d'eau, et ensuite 10 fr. par chaque pouce d'excédant, sans parler d'une foule de vexations, de tracasseries, qu'elles ont encore à essuyer de la part des employés subalternes, toujours plus exigeans que les maîtres, et toujours empressés à leur complaire, avec une rudesse de manières qu'on ne tolérerait pas dans l'établissement d'un simple particulier.

Ainsi, de ce que les administrateurs du canal de Loing ne voudraient adhérer à aucun arrangement, il s'ensuivrait que nous serions forcés de payer in-

définiment, par tonneau et par distance de cinq ki-
lomètres, savoir (1) :

> »   15 c. 1|2   au canal de Briare,
et   »   24   au canal de Loing,

lorsque sur les canaux de nouvelle création on
ne paye pas au-delà de 40 c. par tonneau et par distance. Il y a là une disproportion choquante et qui
explique comment les charbons belges, qui ne paient
que 2 c. sur le canal de Saint-Quentin, également
par tonneau et par distance, se sont rendus maîtres,
sans obstacles, de presque toute la consommation de
Paris, et comment les houilles de la Côte-d'Or et de
Saône-et-Loire ont pu s'emparer des autres débouchés au moyen des canaux de Bourgogne et du
Centre, tandis que les exploitations de l'Auvergne,
qui n'ont point à leurs portes, comme Saint-Étienne,
des chemins de fer et des canaux modernes, et qui
ne peuvent arriver à Paris que par les canaux de
Briare et de Loing, sont condamnées à rester en-
fermées chez elles ou à subir les plus dures condi-

____

(1) Un bateau de charbon chargé, de 36 pouces d'enfoncement, paye 105 fr. au canal de Briare et 156 fr. au canal de
Loing. — Les 36 pouces d'enfoncement représentent 36 voies
d'Auvergne de 20 hectolitres chacune, et chaque voie pèse
1700 kilogrammes, ce qui porte à 61 tonneaux 1|2 le charge-
ment de ce bateau

tions. Voilà pourquoi nous avons fini par porter nos plaintes devant la Chambre des Députés, qui les a écoutées avec un sentiment de surprise, et qui a senti qu'il était de son devoir de s'enquérir de la vérité des faits dénoncés.

Rendons grâce à la généreuse sollicitude de la commission chargée de l'examen de la nouvelle loi sur la navigation ; elle avait peine à croire à la résistance qui lui avait été signalée de la part des administrateurs du canal de Loing, mais elle en a acquis la preuve par elle-même, et il faut que cette preuve ait été bien complète, pour avoir motivé la proposition rigoureuse faite à la Chambre, au nom de la commission, par M. le comte Jaubert, son rapporteur :

« La chambre, est-il dit dans ce rapport, ap-
» préciera la réserve qui a porté la commission à
» ne pas signaler explicitement dans la loi même,
» la résistance qui a motivé cette disposition (1).
» Nous devons nous reposer sur le zèle de M. le
» Ministre des finances du soin de conduire à bonne
» fin une négociation qui intéresse à un aussi haut

---

(1) La disposition dont il s'agit est celle qui a pour objet de suspendre l'exécution de la loi nouvelle quant au canal du centre, jusqu'à ce que les administrateurs du canal de Loing aient eux-mêmes consenti à une réduction dans leurs tarifs.

» degré les départemens du centre de la France.
» *Au pis-aller, l'expropriation pour cause d'utilité*
» *publique de tout ou partie des canaux dont il*
» *s'agit, triompherait d'un mauvais vouloir si fu-*
» *neste aux intérêts généraux.* »

M. le comte Jaubert ne pouvait pas tenir à la chambre un langage plus sévère et à la fois plus circonspect. Cette réserve lui était sans doute commandée par sa position de député et de rapporteur ; mais peut-être tout le monde n'a-t-il pas compris , comme nous, de quelle nature pouvaient être les explications dans lesquelles M. le comte Jaubert ne croyait pas devoir entrer d'une manière explicite. Cependant ces explications n'atteignent en aucune manière le chef du gouvernement ; elles accusent tout au plus le zèle inconsidéré des agens chargés de la direction de ses intérêts particuliers. Il ne peut venir à l'idée de personne que S. M., préoccupée par les soins de son empire et par les plus graves travaux politiques, ait le loisir et la volonté de descendre jusqu'à des détails d'administration de canaux. Ce sont ses préposés qui, forts de leur indépendance et de la vénération attachée à une auguste personne , abusent de leur position pour exercer une tyrannie que repoussent les intentions bienveillantes de S. M. — Ainsi , ne craignons pas de le dire , le Roi est propriétaire de la moitié environ des actions des canaux d'Orléans et de Loing ; la Lé-

gion-d'Honneur en possède une partie ; le surplus
appartient, en majorats, à des favorisés de l'empire, et est reversible au Roi en cas d'extinction
sans enfans mâles. Le Roi est donc propriétaire
présent ou futur de près des trois quarts des actions
de ces canaux, et ce sont précisément les administrateurs du canal de Loing qui, par une résistance irréfléchie, s'opposent au développement du
travail du centre et nuisent aux intérêts généraux.

Les administrateurs du canal de Briare recon-
naissent la nécessité de réduire leurs tarifs et de
les metrre en harmonie avec ceux des canaux qui
concourent, sur d'autres points, à l'approvisionne-
ment de la capitale. D'où vient donc que l'administrateur du canal royal se montre seul inflexible,
ou ne consente à une réduction qu'à la condition
que nos équipes renonceront au canal de Briare et
passeront, bon gré, mal gré, par le canal d'Orléans ? Que signifie ce sentiment de jalousie, cette
prétention d'annihiler et de ruiner une vaste en-
treprise qui a pour elle le droit d'ancienneté ? Le
canal de Briare et le canal d'Orléans ont chacun
une utilité distincte ; le premier est destiné à rece-
voir les productions du centre, et le second les
provenances de l'ouest. Veuillez d'ailleurs remar-
quer, Monsieur le Ministre, que lors même que
nos mariniers se soumettraient à descendre la Loire
jusqu'au canal d'Orléans et passeraient par ce canal,
il ne leur en reviendrait, de fait, aucun avantage,

puisque la dépense supplémentaire de salaire et de nourriture, la perte à la vente des bateaux vides et tous les sinistres si fréquens en Loire, absorberaient, et au-delà, la réduction qu'on pourrait leur faire sur les droits à payer. Nous ne sommes pas assez ennemis de nos intérêts, et le canal de Briare n'a pas usé à notre égard d'assez bons procédés pour n'avoir pas saisi avec empressement la proposition des administrateurs du canal d'Orléans, si elle nous eût offert une différence à notre profit ; mais tous les calculs que nous avons faits à cet égard nous ont prouvé que le canal d'Orléans seul y gagnerait, et qu'il y aurait pour nos équipes perte de temps et surcroît de dépenses ; c'est ce que nous avons démontré à l'administrateur lui-même du canal d'Orléans.

Qu'il y ait lutte d'amour-propre entre administrateurs, ou guerre d'existence entre canaux, nous ne tenons point à pénétrer les véritables causes des démêlés qui peuvent exister entre les deux entreprises ; mais comme nous en sommes les victimes, nous sommes dans notre droit en divulguant les conséquences funestes d'une rivalité devenue insupportable aux départemens du centre, rivalité qui se décèle dans les plus petites occasions. Ainsi, le canal du centre ne devait être fermé que le 20 juillet, d'après une décision des ponts-et-chaussées, ce qui avait engagé les administrateurs du canal de Briare à laisser le leur ouvert jusqu'au 25 ou au 30, pour

donner le temps aux marchandises de passer, et cependant on a fait fermer le canal de Loing, à partir
du 15, en sorte que 2 à 300 bateaux, qui étaient
alors en Loire, et qui auraient pu, s'il était sur-
venu une crue favorable, avoir le temps d'arriver
à Paris, n'en auraient pas pu profiter, par l'inter-
diction intempestive du canal de Loing.

Cet état de choses est affligeant et il est temps
d'y mettre un terme. Seulement il est fâcheux que
tous ces différends n'aient pas pu s'arranger sans
éclat. Signaler à la tribune nationale une propriété
royale comme oppressive, comme nuisible aux intérêts généraux ! la menacer d'expropriation si elle
ne cède pas ! c'est ce qu'on peut dire de plus fort, et
aussi ce qu'on peut voir de plus malheureux. Certes
un zèle administratif poussé assez loin pour mériter
une pareille admonition, tend à compromettre la
dignité royale, et ne peut qu'être blâmé par tout
le pays. Depuis bien des années il y a eu à ce sujet
autant de pétitions et de réclamations qu'il s'est
trouvé d'intérêts lésés. Les conseils généraux du
Puy-de-Dôme, de la Haute-Loire et de l'Allier, en
ont fait eux-mêmes l'objet de leurs délibérations, et
ils se sont plaints encore, dans leur dernière session,
de la manière la plus énergique, de la situation
pénible dans laquelle cette résistance retenait les
départemens du centre. Si tant de prières, tant d'a-
vertissemens devaient demeurer sans effet, nous
irions jusqu'au Roi lui-même demander justice du

tort que nous causent des tarifs inabordables, et des abus auxquels la personne sacrée de S. M. donne une involontaire assistance par l'amour qu'elle inspire et le respect qu'elle impose.

Quoi qu'il arrive, la solution de ces difficultés ne peut être embarrassante pour les chambres, ni les entraîner dans de bien grands sacrifices ; les canaux d'Orléans et de Loing ont des tarifs qui expirent dans trois ans et quelques mois, ou du moins qui sont susceptibles d'être révisés en 1840, ainsi que l'a prévu le décret impérial du 16 mars 1810 (1). On pourrait, dès aujourd'hui, exproprier le canal de Loing, non pour la propriété même du canal, mais seulement pour la différence qui existerait entre les tarifs actuels et les tarifs nouveaux, sur lesquels la perception serait assise d'ici au 16 mars 1840. Ce serait une indemnité annuelle à lui accorder pendant trois ans, mais il faudrait que cette indemnité fût basée, non sur le nombre de bateaux qui passeraient

---

(1) L'article 8 du décret impérial du 16 mars 1810 est ainsi conçu :

« Les actionnaires feront percevoir à leur profit le droit de
» navigation conformément aux tarifs actuellement établis ;
» il ne sera rien changé à ces tarifs avant l'expiration de 3o
» années, époque à laquelle *ils pourront être revisés* et
» augmentés, s'il y a lieu, à raison des différences survenues
» dans les rapports de la valeur de l'argent avec le prix du travail et des denrées : le tout sera réglé administrativement. »

dorénavant par ce canal, et qui serait nécessaire-
ment plus considérable qu'auparavant, mais sur la
moyenne de ceux qui l'ont traversé depuis dix ans,
venant du canal de Briare. Ce serait le moyen de
donner incessamment la vie aux départemens du
centre de la France, et les chambres ne sauraient
refuser de l'acheter à ce prix. Que si, en 1840, des
difficultés s'élevaient sur l'interprétation du décret
du 16 mars 1810, le gouvernement et les chambres
aviseraient selon les résultats qu'auraient constatés
trois années d'expérience. Certainement il serait à
souhaiter pour tout le monde, et pour nous les premiers, qu'un pareil projet de loi ne fût jamais dans
le cas d'être porté devant les chambres et soumis au
contrôle de l'opinion ; mais nous voyons avec dou-
leur que les négociations entamées avec l'administrateur du canal royal traînent en longueur et ne
font point présager une issue favorable. L'ordonnance du 15 octobre a été muette à ce sujet et a
évité de comprendre, dans son article 16, le canal
du Centre parmi les rivières et canaux soumis à l'application de la loi du 9 juillet, d'où il faut conclure
que les termes d'un arrangement à l'amiable sont
encore loin d'être posés. Il est donc probable que
nous arriverons au 1er janvier 1837 sans que le canal
de Loing ait été amené à des concessions, et que la
nouvelle loi sur la navigation sera paralysée dès son
début, si le ministère n'oppose pas des moyens vio-
lens à une résistance aussi insolite.

Nous avons, Monsieur le ministre, pour appuyer et justifier nos demandes, toutes les souffrances non méritées que notre industrie, notre commerce et notre agriculture ont eu à endurer depuis tant d'années, toutes les raisons de bienséance et d'équité si habilement déduites dans le rapport de M. le comte Jaubert, et enfin les promesses solennelles faites par M. le ministre des finances, votre prédécesseur, à la chambre des députés, dans la séance du 26 mai 1836.

« Dans l'intention du gouvernement, a dit M. le » comte d'Argout, la réduction sur le canal du Centre » ne doit avoir lieu qu'aux mêmes époques où cette » réduction sera effectuée sur les canaux de Briare, » d'Orléans et de Loing ; le gouvernement demande » la faculté d'établir de nouveaux tarifs réduits, » *lorsqu'il aura obtenu la diminution qu'il sollicite* » *sur ces trois canaux.* Le gouvernement est *en* » *négociation* avec les propriétaires ; *il espère ar-* » *river à cette réduction.* »

Ces paroles ont retenti dans nos montagnes, où elles ont été accueillies avec un sentiment de profonde reconnaissance. Elles sont devenues pour nous le gage d'un meilleur avenir, puisque la commission de la chambre a formellement proposé l'expropriation pour cause d'utilité publique de tout ou partie de ces canaux, pour le cas où une réduction dans

leurs tarifs échouerait par la voie de la négociation.
C'est aujourd'hui pour le ministère et pour la chambre des députés une question d'honneur dans laquelle les intérêts généraux sont en jeu. C'est bien
le moins que nous obtenions cette faible satisfaction,
lorsque nous pourrions peut-être élever plus haut
nos prétentions, et demander à être gratifiés, à
notre tour, de canaux ou de chemins de fer dont
nous avons fait les frais par les droits de navigation
que nous avons payés depuis 36 ans, et qui auraient
servi, et au-delà, à canaliser l'Allier et la Loire, si
les sommes perçues n'avaient pas été honteusement
détournées de la destination que leur avait assignée
la loi du 30 floréal an 10. Mais, pour le moment,
nous n'aspirons qu'à sortir, s'il est possible, de l'état d'infériorité et de misère dans lequel on nous a
laissés tomber, faute de nous avoir secourus à temps,
malgré les droits que nous pouvions avoir à une préférence dans la répartition des faveurs administratives. C'est nous qui, les premiers, avons approvisionné, alimenté la capitale, et nous sommes maintenant presque les seuls qui ne puissions plus nous
présenter sur ses marchés. Nos forces abattues ne
peuvent plus se ranimer que par une forte réduction
dans les tarifs des canaux de Briare et de Loing, et
par la suppression des droits de navigation sur l'Allier et la Loire. Si la nouvelle loi qui vient d'être
rendue s'oppose, quant à présent, à l'abolition entière de ces derniers droits, il dépend de vous,

Monsieur le ministre, d'en atténuer les effets, en décidant que les distances passibles des droits ne se compteront, sur la rivière d'Allier, qu'à partir de Moulins. Cette exception nous est due; ce sera un acte de justice et non de faveur, et la nouvelle loi sera encore bien loin d'avoir réalisé tout ce qui nous avait été promis.

J'ai l'honneur d'être, avec une respectueuse considération,

MONSIEUR LE MINISTRE,

Votre très-humble et obéissant serviteur,

A. LAMOTHE,

membre du conseil général de la Haute-Loire.

Au château de Frugères-les-Mines,
le 26 octobre 183.